# A Gravura em Portugal
## Breves Apontamentos Para a sua História

## por

### F. M. de Sousa Viterbo

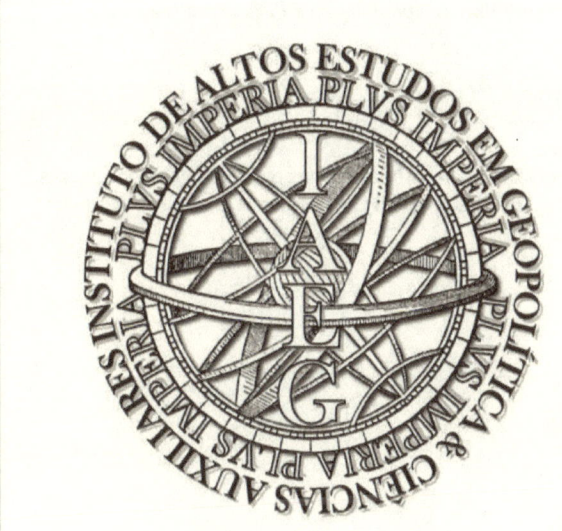

## IAEGCA
### Instituto de Altos Estudos em Geopolítica
### & Ciências Auxiliares

Lisboa, 2014

Title:
*A Gravura em Portugal, Breves Apontamentos Para a sua História*

Autor:
F.M. de Sousa Viterbo

Direitos Reservados:
© 1909, Real Associação dos Architectos Civis e Archelogos Portuguezes
© 2014, Instituto de Altos Estudos em Geopolítica & Ciências Auxiliares

Capa:
Nelson Fonseca

Paginação:
Flávio Gonçalves

ISBN:
978-1505435498

**Instituto de Altos Estudos em Geopolítica & Ciências Auxiliares**
Contacto:
iaegca@gmail.com
http://www.geopol.com.pt
 /iaegca

*Impresso nos Estados Unidos da América e na União Europeia*

# A Gravura em Portugal
## Breves Apontamentos Para a sua História

## por

F. M. de Sousa Viterbo

### GRAFIA MANTIDA DE ACORDO COM O ORIGINAL

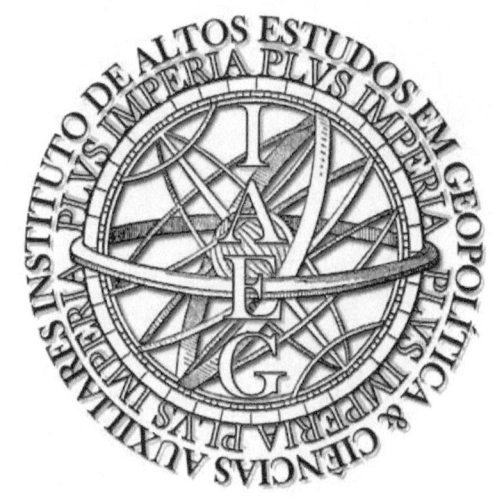

## www.geopol.com.pt

**Instituto de Altos Estudos em Geopolítica
& Ciências Auxiliares**

Outros títulos do IAEGCA:

1 – *Teoria do Mundo Multipolar* – Aleksandr Dugin
2 – *GERMANIA, Geohistória da Europa Central* – Nuno Morgado

# ÍNDICE

SOUSA VITERBO

---

# Introdução

A historia da gravura em Portugal encontra-se embryonaria na *Collecção de memorias* de Cyrillo Volkmar Machado e na *Lista de alguns artistas* do patriarcha D. Fr. Francisco de S. Luiz (Cardeal Saraiva). Rodrigo Vicente d'Almeida colheu, durante annos, numerosos subsidios, que andava coordenando para dar ao prelo, quando a morte o surprehendeu. A Bibliotheca Nacional do Rio de Janeiro trata de preencher a lacuna, e muito grato lhe deve ser o nosso paiz, pela publicação do catalogo dos retratos colligidos por Diogo Barbosa Machado, catalogo que abrange não menos de 1.980 numeros. E, como se isto não bastasse, a mesma Bibliotheca, por intermedio de alguns dos seus intelligentes funccionarios, está dando a lista das producções dos gravadores, iniciando a serie por Debrie.

A nossa Academia de Bellas Artes possue uma valiosissima collecção de gravuras, as quaes, ascendendo a 4.000, estavam até ha pouco a monte, sem que pudessem ser consultadas pelos estudiosos. O sr. Luciano Freire, secretario da mesma corporação, deu-se ao improbo trabalho de as catalogar, e quando esse catalogo se imprima, de certo se encontrará nelle um inapreciavel thesouro de informações.

No *Jornal do Commercio*, n.º 11.428 de quarta-feira, 6 de Janeiro de 1892, publiquei um artigo, que transcrevo agora aqui, com algumas correções e additamentos, o qual fórma o 1.º paragrapho ou capitulo destes ligeiros estudos, que não têem outro merecimento senão o de serem uma

7

pequena contribuição para a historia da gravura em Portugal. As minhas circumstancias não me deixam aprofundar nem proseguir, quanto desejava, este modestissimo trabalho, que, oxalá, possa ainda assim offerecer alguma novidade ou indicação curiosa.

# I

Tanto em Portugal como em Hespanha, grande numero de livros do seculo XVI apparecem ornamentados de gravuras, que julgo na maioria dos casos, de procedencia estranha, tão estranha como a arte typographica. Os primeiros typographos que exerceram a arte em Portugal foram estrangeiros e entre elles torna-se notavel, pelo extenso periodo em que manifestou a sua actividade, e pelo grande numero de obras que imprimiu, Germão Galharde, francez. Muitos livros deste impressor são adornados de estampas e outros têem tarjas em que se lê o seu nome. Estou persuadido que quasi todas ellas vieram de fóra do reino, havendo todavia algumas que seriam gravadas em Portugal. Assim neste caso parece-me estar o frontespicio da *Ley que dispõ quanto tēpo e onde hão de estudar os letrados*, impressa a 18 de janeiro de 1539. Numa das pilastras do portico estão as iniciaes F. D. que indicam por certo o nome do gravador, e na outra a data 1534. Este frontispicio, porém, já fôra empregado anteriormente nas *Constituições do bispado Devora*, impressas em 1534, para as quaes, sem duvida, fôra originariamente destinado.

Existe outro livro, impresso por Germão Galharde, que deve merecer toda a attenção, não só pelo seu valor historico e linguistico, mas ainda pelo seu valor bibliographico e artistico: é a *Coronica do Condestabre de Portugal*, de que ha duas impressões do mesmo typographo, uma de 1526, outra de 1554. Tanto uma como outra tem no verso do frontispicio a figura, de corpo inteiro, dum cavalleiro, que, Innocencio, não sei com que fundamento, diz ser de Nuno Alvares Pereira. Parece-me comtudo de phantasia. A segunda impressão contém, além d'aquella, outra gravura, que se encontra no fim da obra, antes da *Tauoada*, que está nos quatro ultimos folios innumerados. Bella estampa, que merecia ser reproduzida integralmente, com todo o escrupulo e fidelidade, como um dos mais importantes documentos da iconographia portugueza. Esta é que é muito possivel que fôsse executada em Portugal. No alto lê-se o seguinte distico:

*Esta he a figura do Conde estabre, ao natvral, qvando estava em religiam, no Carmo de Lisboa, onde jaz.*

Pela parte inferior.

*Epitaphius ad ipsius tvmvlum.*

Galharde publicou tambem em 1530 um livro classificado entre os de cavallaria, e que foi traduzido do francez em hespanhol por um nosso compatriota, rei d'armas de D. João III, Antonio Rodrigues Portugal. Intitula-se *Cronica llamada: el triumpho de los nueve preciados de la fama*, etc., e é adornado de gravuras representando os heroes biographados no livro, entre os quaes Bertran du Guesclin, o celebre aventureiro frances, que tão notavel papel desempenhou em Hespanha nas guerras fratricidas de Pedro o Cruel e D. Henrique.

Um gravador de innegavel merecimento do seculo XVI é Jeronymo Luis, que abriu o elegante frontispicio do *Sucesso do segundo cerco de Diu*, poema de Jeronymo Côrte Real, e o da *Historia da provincia de Sãcta Cruz*, em que deixou apenas as suas iniciaes. Ambos os livros são impressos por Antonio Gonçalves, o typographo que teve a honra de primeiro estampar os *Lusiadas*. Noutra obra d'este imprimidor, o *De Rebus Emanuelis*, de Jeronymo Osorio, ha um escudo de armas, que tem d'um lado a letra *A* e do outro um *G*, iniciaes do typographo.

Citarei agora alguns livros, impressos em Portugal, de autores hespanhoes, os quaes todos se acham adornados com retratos. Um delles, o mais antigo, é a *Chronographia o reportorio de los tiempos*, de Jeronymo de Chaves, considerado infundadamente por alguns bibliographos como portugues. Imprimiu-a em 1576 Antonio Ribeiro, em Lisboa, e no frontispicio acha-se, numa gravura oval de madeira, o retrato do autor, similhante a outro que se encontra numa das edições hespanholas.

A volumosa obra poetica de Bartolomé Cayrasco de Figueroa, *Templo militante Flos sanctorum....*, foi elegantemente reimpressa em Lisboa, em folio, por Pedro Craesbeeck. A 1.ª e 2.ª partes comprehendendo 531 pag. tem o titulo enquadrado por 14 vinhetas representando scenas da vida de Christo e os quatro evangelistas. A data nelle exarada é de 1613, ao passo que no fim se lê 1612. No verso da parte inferior da ultima das 6 folhas preliminares innumeradas incluindo o frontispicio, ha o retrato de Cayrasco de Figueroa em moldura circular muito similhante ao da edição hespanhola, que Salvá reproduz. Tanto deste retrato como do antecedente, ter-se-iam

11

aproveitado as chapas originaes, ou sómente os desenhos?

Na Bibliotheca Nacional de Lisboa encontrei o exemplar de uma obra, que até hoje tem passado completamente desconhecida, intitulada: *Tratado como se deven formar los quatro esquadrones, en que milita nuestra nacion Espanola.* É seu autor o capitão de infantaria Juan de Carrion Pardo, que a dedicou a D. João da Silva, conde de Portalegre. Foi impressa em 1595, em Lisboa, por Antonio Alvares. Traz dois retratos em busto (repetidos ambos) de militares, um dos quaes, o mais apparatoso, talvez seja o do conde de Portalegre, e o outro do autor. Não trazem indicações de quem os desenhasse e esculpisse.

O outro livro, finalmente, é de Francisco de Arce, intitulado *Fiestas reales de Lisboa*, e foi impresso nesta cidade em 1619 por Jorge Rodrigues. É um folheto em 4.º de 26 paginas innumeradas, de que a Bibliotheca Nacional de Lisboa possue um exemplar incompleto. Acompanha-o um retrato em que se lê este distico: *En los cuarenta anos de mi edad el famoso Enrique me fecit.* Este retrato falta tambem no exemplar alludido e soube da sua existencia pela descripção que nos dá Gallardo no*Ensayo de una biblioteca* sob o n.º 233. O mesmo bibliographo nos descreve ainda outra obra de Francisco de Arce intitulada *La perla en el nuevo mapa mundi hispanico*, etc., impressa em Madrid por Juan Gonzalez em 1624, a qual traz igualmente o retrato do autor com esta legenda: *Portugal me copió en bronce ano 1629 en los 40 de mi edad.* Deve haver erro de data, sendo 1619 e não 1629.

Combinando as legendas dos dois retratos, sou levado a crer que o gravador pertenceria á nacionalidade portuguesa, ou era, pelo menos, artista que residia em Portugal. Quem seria, portanto, esse *famoso Henrique*, de cuja obra Francisco de Arce se mostrava orgulhoso? Eis ahi mais um artista desconhecido como tantos outros, de que não se encontra menção ou referencia nos tratadistas de arte portuguesa.

Não admira, porém, que assim aconteça, porque a mina apenas tem sido explorada á superficie. Aqui temos outro artista, incontestavelmente portugues, e que passou incognito aos seus compatriotas. É possivel que elle exercesse a maior parte da sua actividade no estrangeiro, mas isso não nos salva do labéo de ingratidão e esquecimento em que o temos deixado jazer. Chama-se elle Luiz Palma e apenas no *Dictionary of Painters*, de Michael Bryant, encontrei os seguintes traços, que bem pouco esclarecem a sua biographia:

—PALMA LUDOVICO, a portrait painter and engraver, of Volterra, noticed by Zany as living in 1650. There are eight etchings and a frontispiece to a work, in quarto, printed at Avignon in 1623, with the following title:

«*La voye de Lait ou le chemin des Heros au palais de gloire à l'entrée triomphante de Louis XIII en la cité d'Avignon, 1622.*»

The prints are inscribed: PALMA LUDOVICUS LUSITANUS F.—

Esta inscripção parece que não deveria deixar a menor duvida a Bryant sobre a naturalidade do nosso artista, que elle identificou com outro, homonymo, de Volterra. Consultando Zani para poder resolver as duvidas que se me offereciam e para averiguar se o pintor e gravador de Volterra seria uma entidade absolutamente differente, vi que a indicação do escriptor italiano é o mais secca possivel e deixou-me no mesmo estado de incerteza. Trabalharia o nosso artista em Volterra, e seria por isso considerado italiano? É uma simples hypothese, que póde muito bem ser que venha a confirmar-se, e quando não se confirme, é curiosa a coexistencia ou quasi coexistencia de dois artistas do mesmo nome, pois não repugna que o gravador de 1622 vivesse ainda em 1650.

O meu amigo e distincto bibliographo sr. Annibal Fernandes Thomaz, possue um exemplar da *Voye de Laict*, e a este proposito escreveu-me ha tempos o seguinte:

«Tenho á vista *La Voye de Laict*, Avignon, 1623, 4.º, em que as estampas, incluindo um retrato de Luiz XIII, são assignadas:

Ludovicus          Palma          Lusitanus          fecit.
Ludovicus palma Lusitanus f.

O livro tem dois frontispicios, um gravado a agua forte, com o titulo impresso no centro e outro impresso. Nesse anno era Assessor em Avinhão mr. Pierre Joseph do Salvador, que indica origem portugueza ou hespanhola. É curioso debaixo do ponto de vista artistico, e bem merecia uma noticia.»

A *Voie de Laict* é bastante rara e não a vejo mencionada em Brunet. No emtanto tenho-a encontrado descripta em diversos catalogos de vendas de livrarias francesas e inglesas. A descripção em todos parece uniforme, e só no da livraria de M. Martial Millet, Paris, 1872, é que, por lapso de certo, se designa 1622 como o anno da impressão.

O sr. Damasceno Morgand, livreiro de Paris, no seu catalogo relativo a junho de 1889, punha á venda um exemplar por 200 francos, annotando-o d'este modo:

«Ce volume fort rare et orné d'un frontispice est de huit planches fort remarquables gravées à l'eau forte par *Louis Palma*, artiste portugais. Ces planches qui se déplient représentent les arcs de triomphe, fontaine, palais, etc., élevés pour la cérémonie dans la ville d'Avignon.

«Portraits de Louis XIII et de Ch. de l'Aubepine, par Moncornet.»

Num catalogo de livros de valor, propriedade d'um *gentleman*, postos á venda em Londres, em dezembro de 1890, por intermedio de Sotheby, Wilkinson & Hodge, vem descripto outro exemplar sob o n.º 116 do respectivo catalogo. A respeito das gravuras diz: *Portrait and large plates etched by Louis Palma, an artist unknown to Nagleor.* Acrescenta que a obra passou desconhecida a Brunet e Grasse, e que um exemplar da livraria Beckford fôra vendido por 53 libras e 10 shellings.

No n.º 237 do *Catalogue de livres rares el précieux composant la Bibliothèque de M. Hippolyte Destailleur, architecte du gouvernement*, Paris, Damasceno Morgand, 1891, vem descripto outro exemplar. Ahi se annota:

«Ce volume fort rare est orné d'un frontispice, d'un portrait, et de huit grandes planches fort remarquables gravées à l'eau forte par Louis Palma, artiste portugais.»

Por todas estas citações se vê que o trabalho do nosso artista é geral e altamente considerado, bem merecendo o seu autor que lhe ponham o nome em relevo e o tirem do esquecimento em que até agora tem vivido.

Outro artista desconhecido, e que se nos afigura de grande merecimento, é o autor de um bello retrato de Diogo do Couto, que ornamenta a edição em folio das suas *Decadas*, publicada em 1736. Parece uma photogravura.

O exemplar onde vem este retrato pertence á selecta livraria que é hoje dos filhos do venerando juiz do Supremo Tribunal, o dr. Aguilar, bibliophilo apaixonado, como o seu parente conde de Azevedo, ambos fallecidos. É em papel especial, e ainda não se me deparou outro que se lhe possa comparar. Não sei tambem de nenhum que tenha aquella gravura.

O retrato parece-me de phantasia, muito differente do que vem na primeira edição das *Decadas*, que foi reproduzido no Catalogo de Salvá e ultimamente, em

---

estampa separada, no *Circulo Camoneano*. O historiador português é representado muito mais moço. O retrato não valerá, pela similhança, como documento historico; mas, pelo primor da execução, valerá como notavel documento artistico. Está assignado, numa letra miudinha, quasi microscopica, e, a legenda diz o seguinte: *L. P. Massilli Vlyssip. Sculp. 1722.*

Será este Massilli português ou estrangeiro? Que significará aquelle *Vlyssip*? Que elle era lisbonense ou que executára a sua obra em Lisboa? Eis uma serie de perguntas, que surgiram, como era natural, no meu espirito, e a que me não julgo por emquanto habilitado a responder satisfatoriamente.

A proposito do *famoso Henrique* que gravou o retrato de Francisco de Arce, citei o testemunho de Gallardo; chamarei outra vez a terreiro o autor do *Ensayo de una biblioteca hespanhola de libros raros y curiosos.* Sob o n.º 2881 descreve elle uma obra de fr. Pedro de Maldonado, *Consuelo de justos*, impresso em Lisboa por Pedro Craesbeek, em 1600.

Esta obra, de que existe um exemplar na Real Bibliotheca da Ajuda, é muito interessante, ainda que não seja senão pela dedicatoria, em que se trata amplamente da vida e feitos de Mathias de Albuquerque.

O frontispicio d'este livro é lindamente gravado, segundo affirma o douto bibliographo hespanhol, que o descreve d'este modo:

«El frontis está letra y adornos dibujado y abierto con primor y delicadeza. El nombre del artista aparece al pie en letra gallarda, aunque casi microscopica: *Antonius Pintor Lusitanus exculp.*»

Aqui ha um ligeiro lapso. Em vez de Pintor deve lêr-se Pinto, e o artista é indubitavelmente o mesmo que gravou em cobre o frontispicio da Historia do insigne apparecimento de Nossa Senhora da Luz, de fr. Roque do Soveral, impresso em 1610, em Lisboa, pelo mesmo typographo que imprimiu o *Consuelo de Justos.* Esta estampa é assim rubricada: *Antonio Pinto Lusitano exculp.*

Fr. Pedro Maldonado, natural de Sevilha, era da ordem de Santo Agostinho, e residia no Convento da Graça em Lisboa. Nesta cidade publicou mais alguns livros, entre os quaes um, *Traça e exercicios de um oratorio,* impresso em 1609 por Jorge Rodrigues. O frontispicio todo gravado em chapa inteiriça de cobre a talho doce, foi feito expressamente para a obra, e traz ao centro um bonito medalhão com emblemas religiosos. Não apresenta o nome do artista ou artistas que o executaram.

## II

A gravura é uma das artes em que mais abunda o elemento estranjeiro, como facilmente se póde verificar, percorrendo o Indice de gravadores do *Catalogo dos retratos collegidos por Diogo Barbosa Machado*, coordenado pelo sr. dr. José Zephyrino de Meneses Brum e publicado primitivamente nos Annaes da Bibliotheca Nacional do Rio de Janeiro, de que se fez uma tiragem em separado, em oito tomos ou fasciculos, o primeiro dos quaes impresso em 1893 e o ultimo em 1905.

No reinado de D. João V veiu para Portugal uma colonia de gravadores, quasi todos franceses, cujos trabalhos se observam em grande numero de obras publicadas naquella epoca, em que D. João V poz o sello da sua magnificencia.

No reinado de D. João VI foi attrahido de Londres a Lisboa, por convite do nosso governo, para dirigir a aula de gravura, annexa á Impressão Regia, o celebrado artista italiano Francisco Bartolozzi, de quem foram discipulos alguns gravadores de merecimento, como Gregorio Fernandes de Queiroz.

Antigamente eram muito vulgares os livros com frontispicios gravados, os quaes se pódem dividir em duas especies: uns formados por vinhetas soltas, que se podiam adaptar a diversas obras; outros feitos expressamente para uma só. A portada da primeira edição dos *Lusiadas* repete-se em outros livros. Estas vinhetas eram geralmente de procedencia italiana, como se deduz do confronto entre obras publicadas nos dois paizes.

No seculo XVII, sobre tudo no dominio filippino, alguns gravadores, que exerciam a sua actividade em Hespanha, apparecem a rubricar com seus nomes, obras impressas em Portugal ou relativas ao nosso paiz, e o mais curioso é que quasi todos são flamengos. É possivel que alguns delles estivessem aqui de passagem, e até chegassem a estabelecer residencia temporaria, mas o mais provavel é que elles executassem em Madrid as encommendas que de cá lhe faziam os livreiros e autores.

Mencionarei agora alguns desses artistas, apontando os seus traços biographicos, assim como os trabalhos por elles executados, de que até agora obtive noticia.

a) *João Schorquens.*

Natural de Flandres e um dos melhores gravadores do seu tempo. Residiu em Madrid, onde entre os annos de 1618 a 1630, executou diversos trabalhos, de que Cean Bermudes faz uma resenha no tomo 4.º do seu *Diccionario historico de los mas ilustres professores de bellas artes en Espana*, impresso em Madrid em seis volumes no anno de 1800.

Diz o autor hespanhol que onde o buril de Schorquens mais se esmerou, foi nas estampas da obra de João Baptista Lavanha, *Viagem da Catholica Real Majestade d'el-rei D. Filippe II... ao reino de Portugal*, impresso em Madrid em

1622, em duas edições, sendo uma em português e outra em hespanhol. Além das vistas dos arcos triumphaes, traz outra em maior formato, desenhada pelo nosso compatriota, o pintor Domingos Vieira Serrão, representando Lisboa e o Tejo.

Cean Bermudes não teve noticia do retrato de D. Frei Bartholomeu dos Martyres, arcebispo de Braga, que vem na sua *Vida*, escripta por frei Luis de Sousa e impressa em Vianna em 1619.

No catalogo descriptivo da collecção de retratos de Barbosa Machado, existente na Bibliotheca Nacional do Rio de Janeiro, ha tres numeros referentes a Schorquens.

O n.º 4 é uma arvore genealogica dos reis de Portugal, que se encontra na obra de Lavanha.

O n.º 621 é o frontispicio da primeira e terceira parte da *Historia da Ordem de S. Domingos* de Frei Luis de Sousa, o qual foi aproveitado por Barbosa, por ter cinco figuras de santos da Ordem.

O n.º 1609 é o retrato de Diogo Garcia de Paredes, extrahido da obra de Thomaz Tamaio de Vargas, *Diogo Garcia de Paredes, y su tiempo*.

b) *João de Courbes.*

Francês e residente em Madrid, onde executou numerosos trabalhos, de parte dos quaes Cean Bermudes faz menção no seu *Diccionario*. Além das obras apontadas, pelo academico hespanhol possuo a seguinte:

*Vida de la bienaventurada Ritta de Casia religiosa del Ordem de S.ᵗ Aug.ⁿ* en el monasterio de S.ᵗᵃMagdalena de la Ciudad de Casia en la Vmbria. A la Ex.ᵐᵃ S. D. Ana Maria de Portugal y Borja Princesa de Melito e Duquesa de Pastrana. Por Frey Alonso de Aragon y Borja su sobrino Predicador y Colegial del Orden de S.ᵗ Augustin en el que fundo la Ill.ᵐᵃ Senora D. Maria de Cordoua y Aragon. En Madrid. Por la viuda de Luis Sanches Impressora del Reyno. Año. 1628.

Este titulo acha-se num frontispicio gravado, o qual representa um portico, ricamente ornamentado, tendo em cada uma das columnas uma figura de mulher, de corpo inteiro. A da direita representa *D. Maria de la Cerda hija de la Cassa de Medina Celi* etc., a da esquerda *D. Maria de Aragon hija del Rey catolico Fernando*, etc. Depois das licenças e censuras vem o retrato, em pagina inteira, da B. Ritta de Casia, etc.

No *Catalogo* descriptivo da collecção Barbosa Machado ha tres numeros referentes a Courbes.

O n.º 880 é o retrato de D. Sebastião de Matos e Noronha, bispo de Elvas, e de mais quatro seus antecessores no frontispicio das *Constituições* ordenadas por aquelle prelado, e impressas em Lisboa em 1635.

Os n.ᵒˢ 1857 e 1862, são os retratos de Filipe Sidney e de sua mulher.

A actividade de Courbes exerceu-se, pelas notas que tenho, entre 1621 e 1635.

c) *Pedro Perret.*

Cean Bermudes diz que elle era natural dos Paizes Baixos, onde nascera depois do meiado do seculo XVI; que estudára em Roma com Cornelio Córt e que, restituindo-se á pátria em annos adeantados, fôra gravador do duque de Baviera e do eleitor de Colonia, fixando a sua residencia em Anvers. Nesta cidade gravou para Filippe II dez grandes laminas, representando o Escurial e suas diversas partes. Agradaram tanto a el-rei que mandou vir o artista a Madrid, nomeando-o, a 22 de dezembro de 1595, seu gravador com o ordenado de cem ducados por anno, pagando-se-lhe á parte as obras que fizesse em seu serviço. Falleceu em Madrid pouco depois do anno de 1637.

Bermudes cita muitas das obras, que elle executou em Hespanha, sendo a primeira o retrato de Santo Ignacio de Loyola. Acrescenta que são muito estimadas as estampas que fizera antes de vir para Madrid e de que cita algumas. Não se refere, porém, a nenhuma de assumpto português. Destas passarei a dar conta:

Por encommenda de Manuel de Sousa Coutinho, que, professando na religião de S. Domingos, tomou o nome de Fr. Luis de Sousa, fez o retrato de Fr. Luis de Sotto-Mayor, celebrado professor de theologia e commentador da Biblia. A este facto se refere o proprio Fr. Luis de Sousa no capitulo XVII, do livro 2.º da *Vida de D. Fr. Bartholomeu dos Martyres*. No retrato exarou-se um elogio latino, certamente composto pelo chronista dominicano e que este transcreve na obra citada com a traducção portuguesa, que é do theor seguinte:

«Este retrato em lugar de estatua fez esculpir em bronze Manuel de Sousa Coutinho, em honra e memoria de Fr. Luis de Sotto-Mayor, da Ordem dos Pregadores, lente jubilado das sagradas escripturas na Universidade de Coimbra em idade de 76 anno e o mais celebre Doutor n'ellas de todos os do seu tempo, que juntando com a nobresa do sangue, doutrina, piedade religião e todos os mais arreyos de virtudes, faz duvidar em qual seja mais insigne; e foy o fim assi pera que o amigo, a quem se acha obrigado e que por meio dos seus divinos escriptos, como com asas vôa por todas as terras da Europa e Asia, chegue por conhecimento do rosto aonde por fama teem chegado; como tambem para alegrar a vista com o mesmo objecto que traz dentro n'alma e desejoso de o faser competir com a eternidade. Fez a obra Pedro Pereto, esculptor de El-rei no anno de 1602».

Este retrato acha-se descripto sob o numero 922, no *Catalogo* da collecção Barbosa Machado. Ha de Perret mais os seguintes retratos:

«Diogo de Paiva d'Andrade.—É subscripto simplesmente com as iniciaes do gravador, P. P., e vem no tomo 1.º dos seus *Sermões*, impressos porthumos em Lisboa por Pedro Craesbeack em 1603.»

«Dr. Ambrosio Nunes.—Tem a seguinte subscripção: *Petrus Perret. fc.* Encontra-se na obra impressa em Coimbra em 1603, sob o titulo de: *Ennarrationes in priores tres libros Aphorismarum Hypocratis*». O retrato foi feito em 1602, quando o retratado contava 73 annos de idade.

«Diogo do Couto—Tem a seguinte subscripção: *P. Perret fecit. 1602.* Conjectura o auctor do*Catalogo* da Collecção Barbosa Machado que talvez seja extrahido da *Decada quarta*, impressa em Lisboa em 1602.»

«Fr. Bernardo de Brito—Tem a seguinte inscripção: *Effigies ad vivum Fr. Bernardi de Brito, aetatis suae anno 33 P. Perret scalptor (sic) Regis fe:*»

Fr. Bernardo de Brito fez mais de uma viagem a Madrid e n'uma d'essas occasiões se deixava retratar ao vivo por Perret, e a sua efigie encontra-se na *Primeira Parte da Chronica de Cister*, impressas em Lisboa por Pedro Craesbeack em 1602.

«D. Nuno Alvares Pereira—É rubricado simplesmente com estas iniciaes *P. P. f.*»

Na livraria da Torre do Tombo existe uma obra de Antonio Suarez de Alarcon, intitulada: Comentarios de los hechos del señor Alarcon, marqves de la Valle Siciliana y de

Renda—por D. A. S. de A. hijo del Marques de Torcifal. Madrid Diego Dias de la Carrera 1665. E nella vem um excellente retrato de D. Hernando de Alarcon, assim subscripto: *Ex Titiani Archetypo—Peret esculpsit.*

d) *João Noort ou Van Noort.*

Era natural de Flandres, e veiu para Madrid, onde gravou, com mais delicadeza de buril que boas fórmas de desenho, varias portadas de livros, retratos e santos. Estas são as palavras com que Cean Bermudes inicia o artigo que lhe diz respeito, passando depois a enumerar algumas obras executadas entre 1628 e 1652.

Não menciona, porém, as seguintes:

Dois retratos de D. Filippe III de Portugal, descriptos no Catalogo da collecção Barbosa Machado sob os n.ᵒˢ 425 e 426.

Retrato de D. Frei Bartholomeu dos Martyres, o qual tem na margem inferior: 1.º DON FRAY BARTOLOME DE LOS MARTIRES *de la Orden de S. Domingos Arçobispo y Señor de Braga insigne en dotrina y Santidad. Murio a 16 de Julio de 1590 a los 76 años de su edad.* 2.º JOAN DE NOORT F.

Este retrato acompanha uma biographia em hespanhol do eminente prelado bracarense, sacada de diversos autores por Luis Muños, e publicada em Madrid em 1646. O que vem na sua *Vida*, escripta por Fr. Luis de Sousa, foi gravado por Schorquens, como já fica dito.

Retrato de Manuel de Faria e Sousa, tendo na margem inferior os seguintes dizeres: D. Fr. de la Reguera y Serna delin. I. de Noort f.

Este retrato acha-se descripto sob o numero 948 do *Catalogo* da collecção Barbosa Machado, onde se diz que é copia de outro descripto sob o numero 952, o que é completo equivoco, pois o inverso é que é verdade. O primeiro adorna a obra de D. Francisco Moreno Porcel, intitulada *Retrato de Manuel de Faria y Sousa, relacion de su vida y catalogo de sus escriptos*, impressa em Madrid em 1650. O descripto sob o numero 952 acha-se na segunda edição desta mesma obra e é gravado por Bernardo Fernandes Gayo, que floresceu um seculo depois de Noort.

Numa obra de Faria e Sousa, impressa em Madrid em 1650, sob o titulo de *El gran justicia de Aragõ Don Martin Batista de Lanuza*, vem o retrato deste, rubricado com o monogramma de Noort. Descripto sob o numero 1646 no *Catalogo* da collecção Barbosa Machado.

e) *Pedro de Villa Franca de Malagon.*

Reproduso do Diccionario de Cean Bermudes os seguintes traços biographicos que lhe consagra:

«Gravadôr de laminas e pintor. Nasceu na villa de Alcolêa, na Mancha, perto de Calatrava e aprendeu a arte da pintura em Madrid com Vicencio Carducho. Adeantado no desenho, dedicou-se a gravar a buril com grandes progressos naquella epoca, em que esta arte não estava muito adeantada em Hespanha. Tornou-se notavel a sua habilidade no anno de 1640 com a portada do livro *Vida y hechos del gran condestable de Portugal D. Nuno Alvares Pereyra*, de Rodrigo Mendes de Silva, que representa um frontispicio com o escudo d'armas de Mendez de Haro: em 49, com o retrato de José Casanova, mestre de primeiras letras, acompanhado de creanças escrevendo, de anjos com escudos e de outras figuras; e em fim com outras obras que o acreditaram a tal ponto, que Filippe IV o nomeou seu gravador de camara por cedula de 8 de dezembro de 1654 com o mesmo ordenado de cem ducados que tinha tido Pedro Perret».

Continua citando outras obras, deixando de referir mais por que, diz elle, seria prolixo enumeral-as.

A *Vida y hechos del gran condestable*, além da portada, tem tambem dois retratos, sendo um do condestavel e outro do autor da obra gravados pelo mesmo Villa Franca, o qual se acha descripto sob o numero 955 do *Catalogo* da colecção Barbosa Machado, e ali se faz referencia a outro estado da mesma estampa. Salvá ao descrever esta obra sob o n.º 3475 do seu catalogo, indica apenas o primeiro retrato.

Ha mais os seguintes gravados por Villa Franca, relativos a individualidades portuguesas:

Retrato de S. João de Deus, tendo a seguinte subscripção: *Petrus de Villafranca sculptor Regius sculp. Matriti 1658*.

Retrato de Luis de Camões gravado em 1639 e que se encontra na obra de Faria e Sousa, *Lusiadas de Luis de Camoens... Commentados...* impressos em Madrid no mesmo anno.

Retrato de Faria e Sousa na mesma obra.

Retrato de Fr. Feliciano de Sousa Diniz, gravado em 1642. O retratado, religioso de Santo Agostinho no real convento de S. Filippe de Madrid, era sem duvida português, como o indica o nome, e por se achar na collecção Barbosa Machado, em cujo *Catalogo* vem descripto sob o numero 942.

D. Martim Soares de Alarcon, extrahido da *Corona sepvlcral, Elogios en la muerte de D. M. S. de A.... escritos por diferentes plumas. Sacados a luz por Don Alonso de Alarcon... Madrid 1652.*

O frontispicio desta obra é tambem gravado pelo mesmo artista que subscreve da seguinte maneira:—*Petrus de Villa Franca inuent et sculp, Matriti 1652.*

f) *Vorstermans (Lucas).*

Fr. Francisco de S. Luis incluiu na sua lista, dando d'elle uns breves apontamentos biographicos extrahidos do *Dictionnaire d'Architecture* etc. de C. F. Roland de Virloys, Paris 1770.

Parece não ter conhecido senão um artista deste nome,

quando houve pae e filho. Do *Biographical and critical dictionary of painters and engravers*, de Michael Bryant publicado em 1858, extrairei os seguintes apontamentos biographicos relativos a um e outro:

*Lucas Vorstermans, senior.*—Este eminente gravador nasceu em Autuerpia cerca de 1580 e estudou primeiro pintura na grande escola de Rubens; mas depois, aconselhado pelo seu illustre preceptor, consagrou-se inteiramente á gravura. Nenhum pintor teve a satisfação de ver tão grande numero das suas melhores obras, tão perfeitamente gravadas como Rubens. Rodeado de artistas de superior habilidade, que trabalharam immediatamente sob as suas vistas e que tiveram a vantagem da sua assistencia e dos seus conselhos, foi por este modo, que conseguiu imprimir a belleza e excellencia nas suas gravuras. D'elles nenhum gravou successivamente mais obras de Rubens do que Lucas Vorstermans. A sua maneira de gravar é correcta, e as suas cabeças são dotadas de muita expressão. As suas laminas são executadas inteiramente com o buril, que manejava com grande facilidade, comquanto fosse muitas vezes mais attento ao effeito geral do que á nitidez e regularidade da execução; e nas suas melhores estampas transcreveu com uma fidelidade surprehendente a vida e o espirito das pinturas originaes. A sua estampa da Adoração dos Magos, de Rubens, é considerada uma das mais bellas producções da arte. Visitou a Inglaterra no reinado de Carlos I, residindo alli «8 annos, de 1623 a 1631», tendo trabalhado para o monarcha e para o Conde de Arundel. Vosterman assignava usualmente com o seu nome, e algumas vezes usou a cifra seguinte [VL].

Lucas Vorstermans, junior—Foi filho do anterior e nasceu em Antuerpia pelos annos de 1605. Comquanto tivesse a fortuna de ter tido as lições de seu pae, as suas gravuras são realmente inferiores, a todos os respeitos, ás do velho Vorstermans, e nunca passou da mediocridade.

S. Luis cita duas obras impressas em Lisboa, cujos assumptos foram executados pelo buril de Vorstermans. Uma dellas é a *Harmonia scripturae Divinae, emodulans actiones laudabiles, vel vituperabiles virorum, ac faeminarum, Antiquo, aut Novo relatos Testamento...*, do jesuita Diogo Lopes, natural de Beringel, doutor em theologia e professor na Universidade de Evora.

O livro saiu dos prelos de Lourenço de Anvers, em Lisboa, no anno de 1646. O anterosto tem nos angulos inferior, á direita: *Lucas Vorstermans inventor et sculpt.*; e á esquerda: *Anno* MDCXXXXVI.

Diogo Lopes vem incluido no Diccionario Bibliographico, de Innocencio, que todavia só cita delle um *Sermão* em português, deixando de enumerar, segundo o plano adoptado, as obras em latim.

A outra obra é a *Chronica da Companhia de Jesus*, de Balthasar Telles impressa em Lisboa, por Paulo Craesbeeck em 1645-47. O anterosto do 1.º volume tem esta subscripção: *Lucas Vorstermans, inventou, et sculpio. Ulyssipone, ex typograph. Pauli Craesbeeck, an. 1645.* O do

2.º é de buril differente e muito superior ao primeiro, tendo a seguinte subscripção: *Gr. Huret f.*

Daquella subscripção não se deve deduzir necessariamente que Vorstermans trabalhasse em Lisboa. A sua collaboração nas obras impressas por Paulo Craesbeeck e Lourenço de Anvers explica-se naturalmente por serem patricios, os typographos e o artista.

As estampas de Lucas Vorstermans ora são assignadas com este nome unicamente, ora com mais o appellido *senior*, o que serve para o distinguir do filho. No *Catalogo* da collecção dos retratos de Barbosa Machado, vem attribuido um de André dos Santos a Lucas Vorstermans Junior. Esta asserção não é todavia fundada em bases solidas, porquanto a gravura tem as margens aparadas e apenas se lê por letra manuscripta esta indicação: *Luc. Wostermas. f. de. L. Wort. o abrio em Lix.ª*

Eis um ponto, que julgo problematico e digno de ser esclarecido. Consulte-se o n.º 1980 do referido *Catalogo*.

Na supracitada collecção ha muitas gravuras de Vorstermans: o retrato de D. Duarte (n.º 479) e o do P.e Antonio da Conceição, proveniente da obra: *Extracto dos processos... sobre a vida e morte do veneravel P.e Antonio da Conceição... ordenado pelo P.e Fr. Luis de Mertola. Lisboa. 1647. (n.º 797).*

Retrato de D. João de Castro, o qual ornamenta a vida

deste heroe por Jacintho Freire de Andrade, impressa em Lisboa em 1651. (n.º 1222).

Os demais retratos são de estrangeiros: João Van Mildert (n.º 1506); Justo Lipsio (n.º 1628); Thomaz Morus (n.º 1825); Octavio Piccolomimi, conde de Amalfi (n.º 1826); conde de Fontaine (n.º 1828); Claudio Mangis (n.º 1835); Carlos, duque de Bourbon (n.º 1847); anonimo (n.º 1858); Erasmo (n.º 1921); Gerardo Leghen (n.º 1962).

O Sr. Annibal Fernandes Thomaz communica-me ter conhecimento de mais obras de Vorstermans, a saber: Ante-rosto de *Exhortação militar ou lança de Achilles*, do Padre Timoteo de Ceabra Pimentel. Lisboa 1650.

Brasão Portuguez, ladeado por duas figuas de corpo inteiro tendo na parte inferior de cada uma*Fides-Fortitudo, Lucas Vorstermans fecit.*

Ante-rosto allegorico do *El mayor pequeño* de D. Francisco Manoel Lisboa 1647, assim subscripto*[VL]orstermans f.*

## III

# Dudley (Thomaz)

O nome deste gravador, passára até agora desconhecido aos que entre nós se têem occupado de biographia artistica. Menciona-o pela primeira vez o *Catalogo* descriptivo da collecção de retratos de Diogo de Barbosa Machado, onde vem apontados os seguintes:

453—Retrato em creança e allegorico de D. João IV;

454—Retrato do mesmo quando acclamado rei.

Estes dois retratos encontram-se a pag. 583 e 3 do *Cordel triplicado...* Lisboa, 1680. de D. Antonio Ardizone Spinola. Além disso contem mais dois, sendo um o do principe regente depois D. Pedro II, e o outro do autor da obra.

485—Retrato do principe D. Theodosio, duque de Bragança, filho de D. João IV, mallogrado herdeiro do throno.

Vem na obra do Dr. Manuel Luis, jesuita, intitulada: *Theodosivs Lvsitanvs sive principis perfecti vera effigies...* Eborae 1680.

A subscripção do gravador diz: *Tho: Dudley Anglus fecit Vlyssipone 1679.* D'aqui se conclue que elle era inglês, e que trabalhava em Lisboa em 1679.

# IV

# Massili (J. P.)

O retrato de Diogo do Couto de que tratei no 1.º artigo, acha-se na collecção Barbosa Machado, em cujo *Catalogo* vem descripto sob o n.º 926.

Ahi se apontam mais dois retratos sob os n.ᵒˢ 1203 e 1212, sendo um de Lopo Vaz de Sampaio e outro de D. Garcia de Noronha. Apezar de não se acusar a procedencia de nenhum delles, estou convencido que os dois ultimos seriam igualmente destinados á edição de 1736 das Decadas de Couto.

O livreiro Maia tinha ha pouco um exemplar desta obra em que se via o retrato de Couto.

Na livraria da Torre do Tombo existe um exemplar da Decada quarta da edição de 1602, á qual juntaram o retrato de Couto, gravado por Massili em 1722.

# A GRAVURA EM PORTUGAL

www.ingramcontent.com/pod-product-compliance
Lightning Source LLC
Chambersburg PA
CBHW020950180526
45163CB00006B/2379